İki Dilli Resimli Kitabım

Min tvåspråkiga bilderbok

Sefa'nın en güzel çocuk öyküleri tek ciltte

Ulrich Renz • Barbara Brinkmann:

İyi uykular, küçük kurt · Sov gott, lilla vargen

2 yaş ve üstü çocuklar için

Cornelia Haas • Ulrich Renz:

En Güzel Rüyam · Min allra vackraste dröm

2 yaş ve üstü çocuklar için

Ulrich Renz • Marc Robitzky:

Yaban kuğuları · De vilda svanarna

Bir Hans Christian Andersen masalı

5 yaş ve üstü çocuklar için

© 2024 by Sefa Verlag Kirsten Bödeker, Lübeck, Germany. www.sefa-verlag.de

Special thanks to Paul Bödeker, Freiburg, Germany

All rights reserved.

ISBN: 9783756305520

Oku · Dinle · Anla

İyi uykular, küçük kurt
Sov gott, lilla vargen

Ulrich Renz / Barbara Brinkmann

Türkçe — iki dilli — İsveççe

Çeviri:

Şerife Aydoğmuş (Türkçe)

Katrin Bienzle Arruda (İsveççe)

Sesli kitap ve video:

www.sefa-bilingual.com/bonus

Şifre ile ücretsiz giriş:

Türkçe: **LWTR2927**

İsveççe: **LWSV2831**

İyi geceler Tim, yarın aramaya devam ederiz.
Şimdi güzelce uyu!

God natt, Tim! Vi fortsätter att leta imorgon.
Sov nu så gott!

Hava karardı.

Det är redan mörkt ute.

Peki Tim ne yapıyor?

Vad gör Tim där?

Dışarı çıkıyor, parka gidiyor.
Orda aradığı nedir?

Han går ut till lekplatsen.
Vad är det han letar efter?

Küçük peluş kurdu!
Onsuz uyuyamıyor.

Den lilla vargen!
Han kan inte sova utan den.

Kimdir şurdan gelen?

Vem är det nu som kommer?

Marie! O da topunu arıyor.

Marie! Hon letar efter sin boll.

Tobi ne arıyor peki?

Och vad letar Tobi efter?

Vinçini.

Sin grävmaskin.

Peki Nala ne arıyor?

Och vad letar Nala efter?

Bebeğini.

Sin docka.

Çoçukların yatağa gitmeleri gerekmiyor mu?
Kedi çok şaşırıyor.

Måste inte barnen gå och lägga sig?
Undrar katten.

Şimdi kim geliyor?

Vem kommer nu?

Tim'in Annesi ve Babası!
Tim olmadan uyuyamıyorlar.

Tims mamma och pappa!
Utan deras Tim kan de inte sova.

Bir çok kişi daha geliyor! Marie'nin Babası.
Tobi'nin Dedesi. Ve Nala'nın Annesi.

Och nu kommer ännu fler! Maries pappa.
Tobis morfar. Nalas mamma.

Hadi ama çabuk yatağa!

Nu skyndar vi oss i säng!

İyi geceler, Tim!
Sabahleyin aramak zorunda değiliz artık.

God natt, Tim!
Imorgon behöver vi inte leta mer!

İyi uykular, küçük kurt!

Sov gott, lilla vargen!

Cornelia Haas • Ulrich Renz

En Güzel Rüyam

Min allra vackraste dröm

Çeviri:

Beyza Günsür (Türkçe)

Narona Thordsen (İsveççe)

Sesli kitap ve video:

www.sefa-bilingual.com/bonus

Şifre ile ücretsiz giriş:

Türkçe: **BDTR2927**

İsveççe: **BDSV2831**

En Güzel Rüyam

Min allra vackraste dröm

Cornelia Haas · Ulrich Renz

Türkçe   iki dilli   İsveççe

Lulu uykuya dalamıyor. Diğer herkes rüya görmeye başladı bile – köpekbalığı, fil, küçük fare, ejderha, kanguru, şövalye, maymun, uçak kaptanı. Ve aslan yavrusu. Ayıcığın da gözleri kapanıyor...

Ayıcık, beni de yanında rüyana götürür müsün?

Lulu kan inte somna. Alla andra drömmer redan – hajen, elefanten, den lilla musen, draken, kängurun, riddaren, apan, piloten. Och lejonungen. Även björnen kan nästan inte hålla ögonen öppna ... Du björn, kan du ta med mig in i din dröm?

Hemencecik Lulu ayıcık hayal dünyasına varıyor. Ayıcık, Tagayumi gölünde balık tutuyor. Ve Lulu ağaçların tepesinde acaba kimlerin yaşadığını merak ediyor.

Rüya bittiğinde Lulu daha da fazlasını yaşamak istiyor. Haydi gelin, köpek balığını ziyaret edelim! Acaba o rüyasında ne görüyor?

Och med det så finner sig Lulu i björnarnas drömland. Björnen fångar fisk i Tagayumisjön. Och Lulu undrar, vem skulle kunna bo där uppe i träden? När drömmen är slut vill Lulu uppleva ännu mer. Följ med, vi hälsar på hajen! Vad kan han drömma om?

Köpekbalığı balıklarla yakalamaca oynuyor. Nihayet arkadaşları oldu! Kimse onun sivri dişlerinden korkmuyor.
Rüya bittiğinde Lulu daha da fazlasını yaşamak istiyor. Haydi gelin, fili ziyaret edelim. Acaba o rüyasında ne görüyor?

Hajen leker tafatt med fiskarna. Äntligen har han vänner! Ingen är rädd för hans spetsiga tänder.

När drömmen är slut vill Lulu uppleva ännu mer. Följ med, vi hälsar på elefanten! Vad kan han drömma om?

Fil bir tüy kadar hafif ve uçabiliyor! Birazdan bir cennet bahçesine iniş yapacak.

Rüya bittiğinde Lulu daha da fazlasını yaşamak istiyor. Haydi gelin, küçük fareyi ziyaret edelim. Acaba o rüyasında ne görüyor?

Elefanten är lika lätt som en fjäder och kan flyga! Snart landar han på den himmelska ängen.

När drömmen är slut vill Lulu uppleva ännu mer. Följ med, vi hälsar på den lilla musen! Vad kan hon drömma om?

Küçük fare lunaparkı izliyor. En çok hız trenini beğeniyor.
Rüya bittiğinde Lulu daha da fazlasını yaşamak istiyor. Haydi gelin, ejderhayı ziyaret edelim. Acaba o rüyasında ne görüyor?

Den lilla musen är på ett tivoli. Mest gillar hon berg- och dalbanan. När drömmen är slut vill Lulu uppleva ännu mer. Följ med, vi hälsar på draken. Vad kan hon drömma om?

Ejderha ateş püskürtmekten susamış. İçinden bütün limonata gölünü içmek geliyor.

Rüya bittiğinde Lulu daha da fazlasını yaşamak istiyor. Haydi gelin, kanguruyu ziyaret edelim. Acaba o rüyasında ne görüyor?

Draken är törstig av att ha sprutat eld. Hon skulle vilja dricka upp hela sockerdrickasjön.

När drömmen är slut vill Lulu uppleva ännu mer. Följ med, vi hälsar på kängurun! Vad kan hon drömma om?

Kanguru şekerleme fabrikasında zıplayıp, kesesini tıka basa dolduruyor. Mavi şekerlerden daha fazla! Ve daha fazla lolipop! Bir de çikolata! Rüya bittiğinde Lulu daha da fazlasını yaşamak istiyor. Haydi gelin, şövalyeyi ziyaret edelim. Acaba o rüyasında ne görüyor?

Kängurun hoppar genom godisfabriken och stoppar sin pung full. Ännu fler av de blåa karamellerna! Och ännu fler klubbor! Och choklad!

När drömmen är slut vill Lulu uppleva ännu mer. Följ med, vi hälsar på riddaren. Vad kan han drömma om?

Şövalye hayalindeki prenses ile pasta savaşı yapıyor. Tüh! Kremalı pastayı tutturamadı.

Rüya bittiğinde Lulu daha da fazlasını yaşamak istiyor. Haydi gelin, maymunu ziyaret edelim. Acaba o rüyasında ne görüyor?

Riddaren har tårtkrig med sin drömprinsessa. Oj! Gräddtårtan missar! När drömmen är slut vill Lulu uppleva ännu mer. Följ med, vi hälsar på apan! Vad kan han drömma om?

Nihayet maymunlar dünyasında kar yağdı! Maymunlar çetesi sevinçten çıldırıyor ve maskaralık yapıyor.

Rüya bittiğinde Lulu daha da fazlasını yaşamak istiyor. Haydi gelin, uçak kaptanını ziyaret edelim. Acaba o rüyasında ne görüyor?

Äntligen har det snöat i aplandet! Hela apgänget är helt uppspelta och gör rackartyg.

När drömmen är slut vill Lulu uppleva ännu mer. Följ med, vi hälsar på piloten! I vilken dröm kan han ha landat i?

Kaptan uçtukça uçuyor. Dünyanın sonuna kadar, hatta daha uzağa, yıldızlara kadar. Bunu başka hiç bir uçak kaptanı başaramadı.
Rüya bittiğinde herkes çok yorgun ve daha fazlasını yaşamak istemiyorlar. Ama son olarak aslan yavrusunu da ziyaret etmek istiyorlar. Acaba o rüyasında ne görüyor?

Piloten flyger och flyger. Ända till världens ände och ännu längre, ända till stjärnorna. Ingen pilot har någonsin klarat av detta tidigare.
När drömmen är slut så är alla väldigt trötta och känner inte för att uppleva mycket mer. Men lejonungen vill de fortfarande hälsa på. Vad kan hon drömma om?

Yavru aslan evini özlüyor ve sıcacık, rahat yatağa dönmek istiyor. Diğerleri de.

Ve orada başlıyor...

Lejonungen har hemlängtan och vill tillbaka till sin varma mysiga säng.
Och de andra med.

Och där börjar ...

... Lulu'nun
en güzel rüyası.

... Lulus
allra vackraste dröm.

Ulrich Renz • Marc Robitzky

Yaban kuğuları

De vilda svanarna

Çeviri:

Gizem Pekol (Türkçe)

Narona Thordsen (İsveççe)

Sesli kitap ve video:

www.sefa-bilingual.com/bonus

Şifre ile ücretsiz giriş:

Türkçe: **WSTR2927**

İsveççe: **WSSV2831**

Ulrich Renz · Marc Robitzky

Yaban kuğuları

De vilda svanarna

Bir Hans Christian Andersen masalı

Türkçe · iki dilli · İsveççe

Bir varmış, bir yokmuş. Evvel zaman içinde, kalbur saman içinde; pireler berber, develer tellal iken, ben annemin, babamın beşiğini tıngır mıngır sallar iken, az gittim, uz gittim, dere tepe düz gittim, birde döndüm baktım ki bir arpacık yol gitmişim.

Derken bir kralın oniki çocuğu varmış. Kardeşlerin onbiri erkek, en büyükleri ise Elisa isminde bir kız imiş. Hep birlikte çok güzel bir sarayda mutlu mesut yaşıyorlarmış.

Det var en gång tolv kungabarn—elva bröder och en storasyster, Elisa. De levde lyckliga i ett underbart vackert slott.

Günün birinde anneleri ölmüş. Kısa zaman sonra kral başka bir kadınla evlenmiş. Ama yeni karısı aslında bir cadı imiş. Bu cadı onbir prensi kuğulara dönüştürüp onları çok uzak bir ülkenin derin ormanına yollamış.

En dag dog modern, och efter en tid gifte sig kungen på nytt. Men den nya kvinnan var en elak häxa. Hon förtrollade de elva prinsarna så att de blev svanar och skickade dem långt bort till ett fjärran land bakom den stora skogen.

Kızı da eski püskü giydirip yüzüne onu çirkinleştiren bir merhem sürmüş. Okadar çirkin olmuş ki babası onu tanıyamayıp sarayından kovalamış. Elisa karanlık ormana koşmuş.

Flickan klädde hon i trasor och smörjde in henne med en ful salva i ansiktet så att den egna fadern inte längre kände igen henne och jagade bort henne från slottet. Elisa sprang in i den mörka skogen.

Şimdi prenses öyle yalnız kalmış ki, kardeşlerinin hepsini kalbinin derinliklerinde çok özlediğini hisseder olmuş. Gece olduğunda kızcağız kendine ağaçların altında yosunlardan bir döşek yapmış.

Nu var hon helt ensam och längtade efter hennes försvunna bröder med hela sitt hjärta. När det blev kväll bäddade hon en säng av mossa under träden.

Ertesi sabah durgun bir göldeki suda kendi yüzünü görüp çok korkmuş. Ama gölde yıkandıktan sonra güneşin altındaki en güzel prenses oluvermiş.

Nästa morgon kom hon fram till en lugn sjö och blev förskräckt när hon däri såg sin spegelbild. Men efter att hon hade tvättat sig var hon det vackraste kungabarnet på jorden.

Günler sonra Elisa açık denize varmış. Dalgaların üstünde onbir tane kuğu tüyünün yüzdüğünü görmüş.

Efter många dagar nådde Elisa det stora havet. På vågorna gungade elva svanfjädrar.

Tam güneşin battığı anda gökten bir uğultuyla beraber onbir tane yaban kuğusu denize inmiş. Elisa büyülü kardeşlerini hemen tanımış. Ama kuğu dilini konuştukları için onların ne dediklerini anlayamamış.

När solen gick ner hördes ett sus i luften och elva vilda svanar landade på vattnet. Elisa kände genast igen sina förtrollade bröder. Men för att dom talade svanspråket kunde hon inte förstå dem.

Gündüzleri kuğular uzaklara uçup, geceleri mağaranın içine sığınarak, birbirlerine sarılıp uyuyorlarmış.

Bir gece Elisanın annesi rüyasına girmiş ve ona kardeşlerini nasıl bu büyüden kurtarabileceğini söylemiş. Herbirine ısırgan otundan birer gömlek örüp üzerlerine atmasını anlatmış. Bunu başarıncaya kadar hiçkimseyle konuşmaması şart imiş, yoksa kardeşleri ölecekmiş.
Elisa hemen örmeye başlamış. Isırgan otu ellerini çok kötü yaktığı halde, yorulmadan örmeye devam etmiş.

På dagen flög svanarna bort, under natten kurade syskonen ihop sig i en grotta.

En natt hade Elisa en besynnerlig dröm: Hennes mor sade till henne hur hon kunde befria sina bröder. Av nässlor skulle hon sticka en skjorta för varje svan och dra den över den. Men tills dess får hon inte tala ett enda ord, annars måste hennes bröder dö.
Elisa började genast med arbetet. Trots att hennes händer sved som brända med eld stickade hon outtröttligt.

Bir gün uzaktan avcıların borazan sesleri gelmiş. Ve de kısa bir süre sonra karşısında prens ile birlikte olan avcılarla karşılaşmışlar. Gözgöze geldikleri anda, birbirlerine aşık olmuşlar.

En dag ljöd jakthorn i fjärran. En prins kom ridande med sitt följe och stod snart framför henne. När de såg in i varandras ögon blev de förälskade i varandra.

Prens, Elisayı kucakladığı gibi atın üstüne alıp onu kendi sarayına götürmüş.

Prinsen lyfte upp Elisa på sin häst och red med henne till sitt slott.

Saraydaki güçlü vezir bu dilsiz güzelin gelmesinden hiç hoşlanmamış. Çünkü prensin kendi kızıyla evlenmesini istiyormuş.

Den mäktige skattmästaren var allt annat än glad över ankomsten av den stumma vackra. Hans egen dotter skulle bli prinsens brud.

Elisa kardeşlerini hiç unutmamış, her gece gömleklerini örmeye devam etmiş. Bir gece mezarlıktan taze ısırgan otu toplamaya gitmiş. Sarayın veziri, onu görüp takip etmiş.

Elisa hade inte glömt sina bröder. Varje kväll fortsatte hon att arbeta med skjortona. En natt gick hon ut till kyrkogården för att hämta färska nässlor. Samtidigt blev hon hemligt iakttagen av skattmästaren.

Prensin ava gittiği bir gün vezir, Elisayı cadılıkla suçlayıp geceleri başka cadılarla buluşma bahanesiyle zindana attırmış.

Så snart som prinsen var på en jaktutflykt lät skattmästaren slänga Elisa i fängelsehålan. Han hävdade att hon var en häxa som mötte andra häxor på natten.

Gün ağarırken gardiyanlar Elisayı alıp pazar yerinde yakmak istemişler.

I gryningen blev Elisa hämtad av vakterna. Hon skulle brännas på torget.

Oraya tam vardıkları anda onbir beyaz kuğu birden meydana inmiş. Elisa alel acele, hepsinin üstüne birer gömlek atmış. O anda kardeşlerinin hepsi tekrar birer prens olarak karşısında durmuş. Ama kardeşlerinin en küçüğünün gömleği tam bitmediği için bir kolu kanat olarak kalmış.

De hade knappast kommit fram när plötsligt elva vita svanar kom flygande. Snabbt drog Elisa en nässelskjorta över var och en. Snart stod alla hennes bröder framför henne som människofigurer. Bara den yngsta, vars skjorta inte hade blivit helt färdig, behöll en vinge istället för en arm.

Daha kardeşleriyle sarılıp kucaklaşırken, prens geri gelmiş. Nihayet Elisa, prense her şeyi anlatabilmiş. Prens ise kötü veziri zindana attırmış. Sonrada prens ile Elisanın yedi gün yedi gece düğünleri yapılmış.

Ve sonsuza kadar mutlu yaşamışlar.

Syskonens kramande och pussande hade inte tagit slut än när prinsen kom tillbaka. Äntligen kunde Elisa förklara alltihopa. Prinsen lät den elake skattmästaren slängas i fängelsehålan. Och sedan firade de bröllop i sju dagar.

Och så levde de lyckliga i alla sina dagar.

Hans Christian Andersen

Hans Christian Andersen 1805'te Danimarka'nın Odense şehrinde doğu ve 1875'te Kopenhagen'de vefat etti. "Küçük deniz kızı", "İmparatorun yeni kıyafetleri" ve "Çirkin Ördek" gibi masalları ile dünyaca ün kazandı. Karşınızdaki "Yaban Kuğuları" masalı ilk 1838'de yayınlandı. Ondan beri yüzden fazla dile çevrildi ve farklı sunum çalışmaları ile, mesela tiyatro, film ve müzikal şeklinde yeniden anlatıldı.

Barbara Brinkman, 1969'da Münih'de doğdu ve bavyeradaki alpdağların eteklerinde büyüdü. Münih'de mimarlık okudu ve şu an Münih Teknik Üniversitesin'de mimarlık bölümünde araştırmacı olarak görevli. Bunun yanında serbest grafik tasarımcısı, illustratör ve yazar olarak çalışıyor.

Cornelia Haas 1972'de, Ichenhausen, Augsburg yakınlarında (Almanya) doğdu. Münster yüksekokulunda tasarım okuyup mezun oldu. 2001'den beri çocuk ve gençlik kitapları için çizimler yapıyor ve 2013'ten itibaren Münster yüksekokulunda öğretim görevlisi olarak, akrilik ve dijital ressamlık alanında eğitim veriyor.

Marc Robitzky, 1973 doğumlu, Hamburg teknik sanatlar üniversitesinde ve Frankfurt görsel sanatlar bölümü mezunu. Aschaffenburg'da (Almanya) serbest illüstratör ve iletişimtasarımcısı olarak çalışıyor.

Ulrich Renz 1960'da Stuttgart'ta (Almanya) doğdu. Paris'te fransız edebiyatı ve Lübeck'te tıp okuyup bilimsel çalışmaları yayımlayan bir yayınevinin başkanı olarak çalışmaya başladı. Renz bugün bağımsız bir yazar, genel bilgi kitapları dışında çocuk ve gençlere yönelik kitaplar yazıyor.

Boyama yapmayı sever misin?

Hikayedeki resimleri boyamak için buradan indirebilirsin.

www.sefa-bilingual.com/coloring